Poesias críticas

Diego Brito

Poesias Críticas

Ficha catalográfica

S862a Brito, Diego, 1982 -

Poesias Críticas
/ Diego Brito. – Belo Horizonte: Amazon, 2019.
118p.

ISBN13: 9781097873067

-    Arte e literatura- 2. Poesia

I. Título

CDD:800   - CDU: 82-1

Diego Brito

Dedicação

"Dedico este livros àqueles que acreditam no poder da arte como meio de engrandecer a vida e o mundo."

Sumário

A meta do poeta 7

Amor 8

Às vezes eu também 9

Jardins 11

Poema pra espantar 12

Poderia ser... 13

Enfim o Começo 15

Sonhos 16

Que culpa eu tenho? 18

Ingenuidade 20

Cessa-me e Deixo-lhe 21

Recomeço 23

Foi quando....................................... 25

Que amor é esse? 27

Na hora da morte 29

Caro amigo, escute........................... 31

Ficou-se x Foi-se 33

O homem vive de quê? 34

Importância 36

Um pouco 38

Até quando? 41

Seria tu, tudo dinheiro? 43

Sociedade 44

Saindo um pouco............................ 47

TIC e TAC 48

Intervá-lo entre a vida e a morte........................50

Ficaremos? 52

Regras 56

As vogais 57

Dou-lhe e Quero-lhe............................59

Antes que a vida acabe 61

Dores 63

Sentimento quem és tu? 64

Até hoje 66

É tempo 67

Entre... 70

Momentos 72

Desafio 73

Passeio 75

Solidão 77

Coisas 79

Natal 81

Esperança 83

Criatividade 84

Vozes 86

Natal 87

Despedida 89

O próximo passo 90

Minha linda namorada 91

Meu automóvel 92

Futebol 93

Existe um mundo 95

Eu e você ....,.............96

O real e o romântico 97

Ele chegou 99

Sem lutar não 100

Fazer 102

De repente me vi 103

Poesias Críticas

Indiferença 104
Será sempre assim? 106
Ano novo 108
Silêncio garoto 110
Quando penso 111
Coragem 113
A simplicidade do desejo 115
Vida 118

Diego Brito

A meta do poeta

A meta do poeta,

não é a curva, não é a reta.

Não é a chuva, não é a fresta.

A meta do poeta é,

simplesmente, a festa.

Amor

Hoje compreendi o que é amor.
Não é sinônimo de dor,
nem se parece com uma flor,
esta murcha , ele não.
Sei que o amor não é prisão;
pois esta é fruto da paixão.
Amor é libertação.

Não é fruto do dinheiro,
ou vicissitudes dos interesses;
pois não brota só em palacetes.
O amor é amigo, expansivo...
é cuidadoso, corajoso...
é sereno, ameno...
é perseverante, interessante...
Esteja perto ou distante,
o amor é sempre radiante.

Diego Brito

Às vezes eu também

Às vezes eu também,

desejo um abraço,

esboço um sorriso,

e não sou reconhecido.

Contacto um amigo,

para não ser esquecido,

jogo futebol, voleibol,

e uso aerossol.

Às vezes eu também,

fico irritado, chateado,

e me sentindo mal amado.

Falo besteiras, ouço asneiras,

e fico triste a semana.

Às vezes eu também,

tomo sorvete,

procuro um flerte,

ando de moto sem capacete.

Poesias Críticas

Tomo cerveja, vou à igreja

e coloco minha cabeça na bandeja.

Falo, minto, lamento e grito.

Me canso, descanso, levanto e canto.

Diego Brito

Jardins

Flores diversas compõem um jardim,

cravos, rosas, margaridas e afins.

O colorido é resultado de um jardim florido,

composto por pássaros, insetos e bichos

desconhecidos.

A concepção de um jardim possui finalidades,

entre elas, a da promoção da amizade,

das variedade e da saudade,

das pessoas distantes,

que nesta vida foram vibrantes!

Poema pra espantar

Pra espantar; o mau humor e o dissabor.

Pensamentos ruins e afins,

reclamações e inações.

O tédio remediar para a vida continuar.

Pra espantar o desânimo,

o vazio, e até mesmo o frio;

dos corações esquecidos,

das vidas não vividas,

das almas perdidas,

das emoções adormecidas.

Poema pra espantar;

o espanto, o pranto,

o canto no canto,

pra levantar o ânimo,

despertar a alegria,

recomeçar um novo dia!

Diego Brito

Poderia ser...

Poderia ser... Helena (Antipof).

Se tivesse sido ouvida, correspondida...

Se tivesse sido amada, apreciada...

Se tivesse sido percebida, atendida...

Poderia ser... Paulo (Freyre).

Se houvesse estudado...

Se houvesse sido encaminhado...

Se houvesse se esforçado...

Poderia ser... Hebert (de Souza).

Se tivesse lido...

Se tivesse aprendido...

Se tivesse um amigo...

Poderia ser... Leonardo (Boff).

Se houvesse ouvido...

Se houvesse sentido menos frio...

Se houvesse comido...

Poderia ser... Antônio (Vieira).

Se tivesse participado...

Se tivesse inventado...

Se tivesse do outro lado...

Poderia ser... Guimarães (Rosa).

Se tivesse descansado...

Se tivesse animado...

Se tivesse despertado...

Poderia ser... Se...

Diego Brito

Enfim o Começo

Às vezes chegamos ao fim,
e este pode significar um começo.
O fim de um dia, o começo de outro.
Então ficamos assim;
sempre entre o começo e o fim.

A vida começa no começo e,
termina no fim.
É; simples assim.

Mas entre o começo e o fim;
pode ocorrer muitas aventuras,
agruras, ternuras, capturas, censuras...
Mas haja o que houver, do começo ao fim,
peço que lembre-se de mim!!!

Sonhos

Os sonhos encantam a vida.

Posibilita-nos novas saídas.

Faz renascer a alegria perdida.

Guia-nos na ausência de perspectivas.

Sonhamos ao dormir,

e ao acordar nos faz sentir;

a necessidade de prosseguir.

A noite sonhamos, de dia realizamos.

Às vezes sonhamos acordados,

até que sejamos despertados.

Sonhar é uma atitude autêntica,

mas executar é que faz a diferença!

Todos podemos sonhar.

Todos devemos caminhar.

Talvez você seja a realização de um sonho.

E que pode crescer ou pode morrer,

antes de se fazer valer.

Os sonhos podem ser interpretados.

Os sonhos podem ser vivenciados.

Diego Brito

Os sonhos podem ser alcançados.

Os sonhos podem nos fazer perder o sono.

O sono pode nos fazer perder o sonho.

Mas ganhar que é verdadeiramente sonhar.

Podemos até sonhar em amar.

Podemos até amar e sonhar.

Não há vida sem sonhos.

Não há sonhos sem vida.

Aproveite a vida para sonhar,

mas, não perca o sono.

Que culpa eu tenho?

Que culpa eu tenho?
De não ser astrônomo, agrônomo...
e trabalhar como autônomo.
De não saber física, matemática ou inglês.
De não ter amigos políticos, diplomatas ou
magnatas.
De mal saber falar português!

Então que culpa eu tenho?
Mesmo não sabendo ler precisar, de comer, de
vestir e de beber.
Mesmo não sendo patrão, precisar de atenção.
Mesmo sem encontrar a felicidade,
precisar de amizade.
Mesmo não sendo cantor,
precisar de amor!

Mas então me digam,
que culpa eu tenho?

Diego Brito

De não ser de origem francesa, americana, italiana

ou inglesa e sim portuguesa (hoje um fantástico

país).

De ser baixo, magro, branco ou pardo,

e não padronizado.

Então quanto a mim tudo bem.

Mas e ele? Que culpa tem, de não ser "ninguém"?

Ingenuidade

Ingenuidade, que nos tira da realidade,

que contribui para a insanidade,

que nos afasta das verdades,

e que até, contribui numa amizade.

Ingenuidade, que nos faz perder oportunidades,

que limita nossas capacidades,

que alimenta nossas vaidades,

que nos tira da realidade.

Ingenuidade, que acorrenta a objetividade,

que dá asas para a subjetividade,

que nos tira do caminho da liberdade,

que conspira na luta contra a autoridade.

Ingenuidade troco-lhe pela sinceridade.

Diego Brito

Cessa-me e Deixo-lhe

Cessa-me a liberdade e me resta a saudade.

Deixo-lhe os deveres e as responsabilidades.

Cessa-me os pensamentos direcionados.

Deixo-lhe os sentimentos particionados.

Cessa-me os movimentos.

Deixo-lhe o meu alento.

Cessa-me muitas capacidades.

Fica-te a força de vontade.

Cessa-me parte da coragem.

Fica-te a luta contra as desigualdades.

Cessa-me a capacidade de compreensão.

Deixo-lhe o meu pedido de perdão.

Cessa-me as condições de entender.

Deixo-lhe estas condições a você.

Cessa-me o tempo e o espaço.

Deixo-lhe a possibilidade de sair ao tempo e o meu

abraço.

Cessa-me a autonomia.

Deixo-lhe a missão de resgatar nossa esperança ao

longo da noite e do dia.

Cessa-me a propriedade de mim.

Deixo-lhe com algo afim.

Cessa-me a percepção.

Deixo-lhe a crença de que somos irmãos.

Cessa-me...Deixo-lhe...

Diego Brito

Recomeço

Difícil é começar,
eis um ditado popular.
Recomeçar então,
pode resultar numa grande frustração.

O recomeço,
é um começo já começado,
um algo inacabado,
um processo não terminado.

O recomeço é um novo de novo,
um novamente olhar pro todo.
Um ato de reconstrução,
um sair da contra-mão.

O recomeço é um sinal positivo,
mais fácil quando se tem amigos.
Uma manifestação da vida,
de esperanças ainda não perdidas.

Poesias Críticas

Recomeçar pode até ser,

mais fácil que começar,

talvez melhor que o terminar.

A prova no caminhar,

de que luzes podemos buscar!

Portanto, que precisar parar,

não hesite, recomece sempre a andar!

Diego Brito

Foi quando...

Foi quando o azul do céu escureceu;

o sorriso se perdeu,

a alegria desfaleceu,

a graça interrompeu.

Foi quando as brincadeiras acabaram;

as emoções despedaçaram,

as esperanças se cessaram,

os desencontros amplificaram.

Foi quando a vontade acabou;

o entusiasmo terminou,

o(s) projeto(s) e a(s) ação(s) falhou(s),

a coragem amedrontou.

Foi quando o amor esmoreceu,

o amigo faleceu,

a festa entristeceu,a saudade apareceu.

Foi quando na eminência do fim,

no aceitar tudo assim,

o homem reviveu, o mundo o acolheu,

a tragédia interrompeu.

Diego Brito

Que amor é esse?

Que amor é esse?
Que não ensina,
que não se aproxima,
que não levanta a estima,
e que logo desanima.

Que amor é esse?
Que não disciplina,
que não serve de arrima,
que não anima,
que não enxerga o outro como obra-prima.

Que amor é esse?
Que se esconde,
que não sabe aonde,
que não acode, que não socorre.

Que amor é esse?
Que não interfere..

que apenas fere ,

que não adere,

que não arrisca a própria pele.

Que amor é esse?

Que logo esmorece,

que não enaltece.

que não aquece,

que não reconhece.

que não acontece.

Que amor é esse???

Diego Brito

Na hora da morte

Na hora da morte,

não adianta, ser alto, fraco ou forte,

baixo, rico ou pobre.

Feio, belo, azarento ou com sorte.

Na hora da morte,

não adianta ter casa,

carro e dote,

prata, ouro ou diamante.

Namorada(o), esposa(o) ou amante.

Na hora da morte,

não adianta ser branco, negro, pardo,

amarelo, mameluque ou mulato;

ou ser exemplo de bons atos.

Na hora da morte,

não adianta se vai para o sul ou para o norte.

Ter projetos, prédios, sonhos ou lotes,

ou ter um cachorro como mascote.

Na hora da morte,

não adiante ter dinheiro no bolso,

no banco, na carteira ou num malote.

Ter filhos, amigos, pai,

mãe, tia ou consorte.

Na hora da morte,

simplesmente anote,

a vida lhe deu um bote,

sua ligação com o mundo sofreu um corte.

Acontece apenas que sairá de cena,

mas se quiser pode deixar um poema!

Diego Brito

Caro amigo, escute...

Caro amigo,

escute o que vou lhe dizer,

se bobear ele come você.

Preciso informa-lhe da situação;

pois quem avisa amigo é;

então é melhor da no pé.

Caro amigo,

escute o que vou lhe dizer,

se bobear ele come você.

É verdade o desenvolvimento existe,

mas se não mover-se vai passar pela vida triste,

simplesmente porque o egoísmo persiste.

Caro amigo,

por favor me escute,

antes que olhe para a sua realidade e assuste.

Existe um mundo maravilhoso,

mas apenas para quem o conquistou,

e se não lutar poderá nunca chegar,

no mundo que se transformou.

Caro amigo,

escute o que vou lhe dizer;

é preciso aprender a entender,

a realidade que cerca você.

Do contrário poderá se perder.

Caro amigo, escute...

Diego Brito

Ficou-se x Foi-se

Ficou-se os carros,

foi-se os cumprimentos.

Ficou-se os sucessivos novos momentos,

foi-se o contentamento.

Ficou-se o meu, foi-se o seu.

Ficou-se o dinheiro e foi-se.

Ficou-se os móveis, o prático, o objetivo.

Foi-se as gentilezas, os diálogos, os amigos.

Ficou-se o cinema, as novelas, os temas.

Foi-se o divertido, as lembranças, os dilemas.

Voltou-se para o produto.

Perdeu-se no produzir.

Ficou-se só, equipamentos.

Foi-se os sentimentos.

Foi-se a vontade de ficar.

Perdeu-se a oportunidade de ajudar.

O homem vive de quê?

O homem vive de quê?

Da matéria, do concreto.

Da beleza, do aspecto.

Das estruturas do arquiteto.

Do analítico e do sintético.

Das curvas e do reto.

O homem vive de quê?

Do certo e do errado.

Do aberto e do fechado.

Do cru e do assado.

Do esquecido e do lembrado

Do odiado e do amado.

O homem vive de quê?

Do rápido e do lento.

Da rebeldia e do alento.

Do consigo e do tento.

Do disperso e do atento.

Diego Brito

O homem vive de quê?

Vive de mim e de você.

Importância

Importância sem arrogância,

Com esperança e confiança.

Interna, eterna; fraterna!

Importância que espera,

Sem guerras, sem trevas.

Que nunca se encerra.

Importância que atende,

Que sente e não mente.

Simplesmente compreende.

Importância de todos,

Com vidas, com rostos.

Sem mágoas, sem nojo!

Importância suave.

Sem traves; sem chaves, amiga,

capazes.

Importância que dita,

mas que não grita,

Diego Brito

e que ensina!

Importância que não cessa.

Que sempre recomeça.

Que às vezes vacila.

Mas nunca desanima!

Um pouco

Um pouco de contemplação,

atividades, diversão,

conversa e oração,

de pesquisa, trabalho e malhação.

Um pouco de paz, de amizade,

carinho, do agitado e do quietinho,

sabor com danoninho.

Um pouco de dor,

superação, calor, televisão,

preocupação, colorido e sem cor.

Um pouco de tudo.

Um pouco de cada.

Um pouco de mundo.

Um pouco de nada.

Um pouco de dor.

Um pouco de amizade.

Diego Brito

Um pouco de amor.

Um pouco de felicidade.

Um pouco de mim.

Um pouco de nós.

Um pouco de ti.

Um pouco de vós.

Um pouco de valor.

Um pouco de vontade.

Um pouco de labor.

Um pouco de arbitragem.

Um pouco de cima.

Um pouco de baixo.

Um pouco de rima.

Um pouco de cachos.

Um pouco de dia.

Um pouco de noite.

Um pouco devia.

Um pouco de açoite.

Um pouco de sim.

Um pouco de não.

Um pouco de fim.

Poesias Críticas

Um pouco de ação.

Um pouco de homem.

Um pouco de mulher.

Um pouco de fome.

Um pouco de fé.

Diego Brito

Até quando?

Até quando ficaremos reclusos,
retidos, amarrados, inertes, calados, resignados.
Vendo a vida passar,
e as pessoas que nos rodeiam sem se cuidar(em),
com um mundo a nos afrontar.

Até quando ficaremos e não iremos,
confrontar a realidade para mudar,
vencer nossas dificuldades e triunfar,
adotar posturas corretas para transformar.

Até quando ficaremos a ver sem compreender,
a nos desgastar sem nos amar,
a deixar acontecer sem nada fazer,
a relacionar e descontinuar,
a não conhecer bem outros,
e a nos desvalorizar.

Até quando seremos objetos,

de uma sociedade sem projetos.

Quando vamos despertar para a realidade,

que nos humilha, que nos machuca,

e que rouba nossa dignidade?

Até quando???

Diego Brito

Seria tu, tudo dinheiro?

Seria tu, tudo dinheiro?

Seria tu motivo de desespero?

Seria tu trabalho o dia inteiro?

Seria tu fim de muitos janeiros?

Afinal quem és tu dinheiro?

O combustível do mensageiro?

A paixão do banqueiro?

A perdição do desordeiro?

O sonho do garimpeiro?

Os calos do sapateiro?

O objetivo do mundo inteiro?

Seria tu, tudo dinheiro?

Sociedade

Sociedade és verdade;
que proporciona algumas amizades,
às vezes atende algumas necessidades,
e que vivo em ti desde tenra idade.

Sociedade és verdade;
que desperta muitas vontades,
alimenta curiosidades,
e desenvolve capacidades.

Sociedade és verdade;
que cultiva muitas desigualdades,
profissionais com várias habilidades,
homens e mulheres em grande diversidade.

Sociedade és verdade;
que abriga o rico e o pobre,
trata uns como mendigos e outros como nobres,
a poucos socorre e a muitos descobre.

Diego Brito

Sociedade és verdade;
que pode ser motivo de felicidade,
de amor, ódio ou amizade,
estimular o desenvolvimento ou a criminalidade.

Sociedade és verdade,
que lhe falta honestidade,
és escassa em sinceridade,
e que esconde suas "verdades".

Sociedade és verdade,
caminha com frieza,
permite imperar a sutileza,
e sucumbi suas grandezas.

Sociedade és verdade;
que alimenta minha mente,
mantendo a esperança quente,
num futuro resplandecente.

Sociedade és verdade;

que em alguns momentos me anima,

em outros baixa minha estima,

mas por você tenho amizade.

Diego Brito

Saindo um pouco...

Saindo um pouco do sítio,

olhando menos para o umbigo,

investindo no relacionamento com um amigo,

perdendo menos tempo com o antigo,

não enxergando os outros como inimigos,

reclamando menos e sendo mais ativo(a),

concentrando mais e sendo menos dispersivo(a),

conversando mais e sendo menos taxativo(a),

criticando menos e sendo mais assertivo(a),

ouvindo mais e sendo menos imperativo(a),

assistindo menos TV e praticando mais

exercícios(a),

limpando as coisas sem ser obsessivo(a),

organizado as ideias para ser entendido,

falando mais de coisas boas e não sendo agressivo,

descobrindo o desconhecido,

evitando menos o gerundismo,

sendo mais assíduo,

saindo um pouco...

TIC e TAC

TIC e TAC, TIC e TAC e a vida vai passando.

TIC e TAC, TIC e TAC e tudo está recomeçando.

TIC e TAC, TIC e TAC e o futuro transforma-se em presente.

TIC e TAC, TIC e TAC e o presente transforma-se em passado.

TIC e TAC, TIC e TAC e as rugas vão surgindo.

TIC e TAC, TIC e TAC e a idade vai progredindo.

TIC e TAC, TIC e TAC e o futuro já está vindo.

TIC e TAC, TIC e TAC e a infância acabou.

TIC e TAC, TIC e TAC e a adolescência começou.

TIC e TAC, TIC e TAC e o lazer quase encerrou.

TIC e TAC, TIC e TAC e a responsabilidade aumentou.

TIC e TAC, TIC e TAC e muito já se caminhou.

TIC e TAC, TIC e TAC e o hoje já passou.

TIC e TAC, TIC e TAC e a maturidade alcançou.

TIC e TAC, TIC e TAC e as ilusões já abafou.

TIC e TAC, TIC e TAC e a cada volta não volta mais.

Diego Brito

TIC e TAC, TIC e TAC e vai chegando o nunca mais.

TIC e TAC, TIC e TAC!!!

TIC e TAC, TIC !!!TIC e TAC !!!

TIC e   !!!TIC !!!T!!!!!!!

Intervá-lo entre a vida e a morte

Neste intervá-lo entre a vida e a morte,
caminhamos entre o sul e o norte.
Jogamos e brincamos com a sorte,
amamos e, em nós mesmos, passamos trotes.

Neste intervá-lo entre a vida e a morte,
ousamos e levamos cortes.
Seria isto motivo de morte?
Claro que não. Talvez volte.

Neste intervá-lo entre a vida e a morte,
de momentos e sentimentos,
de brigas e ressentimentos,
de trabalho e entreterimentos,
de distrações e descobrimentos,
de comemorações e lamentos...

Neste intervá-lo entre a vida e a morte,
ficamos estáveis e crescemos,

empolgamos e nos tornamos pequenos.

Neste intervá-lo entre a vida e a morte,

buscamos a felicidade,

às vezes somos amigos, às vezes fugazes,

às vezes potentes, às vezes incapazes.

É neste pequeno espaço de tempo,

que gritamos "independência ou morte".

Liberdade ou supressão das vontades,

que optamos pelas mentiras ou pelas verdades,

pelas intrigas ou pela amizade.

O intervá-lo entre a vida e a morte,

está para o fraco como está para o forte.

Então, boa sorte.

Ficaremos?

Ficaremos no tempo, expostos ao vento, sem
nenhum alento?
Sem contentamento e entreterimentos?
Com dúvidas e dívidas sem nenhum porcento?

Ficaremos e não diremos o quanto sofremos?
Sem vontades, sem verdades, sempre com
adiamentos?
Sem remédios, educação e alimentos?

Ficaremos e não iremos viver e não apenas, estar
vivos, como está sendo?
Sem tecnologia, sem ciências e com más
experiências?
Deixando a realidade roubar nossa identidade e
até mesmo nossa essência?
Não seria isso motivo de turbulência, de falar com
veemência sobre esta complacência?

Diego Brito

Ficaremos nas intempéries perenes, sem roupas,

sem tênis?

Na incompreensão, brigando com nossos irmãos,

sem nenhuma satisfação?

Ficaremos sem ação, perante esta aviltante

situação?

Vendo o mundo se desenvolver, e nós sem saber

por quê?

Não vendo a vida passar imersos no nosso azar?

Simplesmente por estarmos onde ele(s) não

está(m)?

Ficaremos sem perceber o desenrolar do

acontecer?

Apenas a ceder sem nada entender?

Sem sítios, somente com os mitos que vêm nos

vender?

Para comprarem o que lhes evita sofrer?

Ficaremos jogados no mundo, imundos?

Limpando a sujeira dos outros, sem sonos

profundos?

Cansados, calados e maltratados?

Ficaremos assim até quando?

Quando tudo acabar e nada sobrar?

Depois que a terra queimar para este churrasco

vão nos convidar?

Ficaremos perturbados, sem sermos amados, até

quando?

Ou ao menos valorizados... visualizados?

Vamos ficar ao menos com o que restar?

Ficaremos assistindo, ou seja, vendo e ouvindo

quem vive confortavelmente.

Dormindo tranqüilos e sendo complacentes?

Criando soluções falsas, ideologias falsas, que

mantêm esta grande farsa?

Diego Brito

Ficaremos sem desvendar os mitos da
superioridade dos homens sobre as mulheres?
Dos doutores da lei sobre os alferes?
Dos civilizados sobre os abandonados?

Ficaremos a ouvir esses dizeres, de que a vida é
passageira para eles?
Portanto devem viver no bem estar, sem nada
compartilhar.
E nós como vamos ficar?
A vida não é passageira para nós também, ou não
vamos para o além?
Pra consolidar os seus prazeres, é bem possível
que confirmem estes dizeres!

Ficaremos olhando pelas janelas, presos nas
cavernas, trabalhando como sentinelas?
Andando a pé, sem fé, tomando, quando muito,
café?
Sendo consumido pelos consumistas que se
fingem de comunistas? Ficaremos?

Regras

Há regras pra tudo,

e facilmente podemos quebrá-las.

Existem regras pra viver,

regras para fazer, para ter,

e sobretudo para ser.

Ser melhor e deixar de ser só,

ser alguém e ir além,

ser gente diferente,

e não ser ausente.

Regras para o presente.

Regras para os doentes.

A vida é regrada por regras.

As regras podem regrar a vida.

Viver também é quebrar as regras.

Não há vida sem regras.

Não há regras sem vida.

Encontre tuas regras e as regre.

Diego Brito

As vogais

Vagando pela casa, com vagas ideias,

fui invocado pelas vogais.

De início um pouco vazias.

Sem nenhuma vocação.

Pareceram-me pobres, poucas, de baixo valor.

Vogais subalternas, vizinhas das consoantes;

vagavam em meus pensamentos.

Na vaca tem vogal, no vesgo também.

Muitas vezes elas aparecem e invocam suas

posições.

Vê se te enxerga vogal, vão caçar tua turma.

Inchutei-as.

Vacilei na precipitada afirmação.

Pois logo fui invadido por outra avaliação.

Das várias qualidades das vogais.

Percebi que são persistentes, as vemos sempre.

Participam de várias palavras, apesar de serem

poucas.

As vogais estão sempre em voga.

Veja como trabalham, quase como as consoantes.

São apenas cinco valiosos exemplares.

Já as consoantes vislubram-se com vinte e uma da

mesma espécie.

Elas preenchem o vazio.

Estão em todos os lugares, sempre valentes.

Aparecem até entre eu e você.

No voto, na vida, no vazo, no verde,

no verso, no velho, no verbo, na verba...

Não importa onde

as vogais estão sempre em voga;

e já não me deixam mais invocado.

Diego Brito

Dou-lhe e Quero-lhe

Dou-lhe as terras,

com as suas serras,

com as suas guerras,

com as suas feras...

Quero-lhe que em troca acredite,

que sejas capazes de fazer as pazes.

Dou-lhe o luxo,

o dinheiro, o cruzeiro...

Quero-lhe que ao dirigir a mim seja verdadeiro.

Dou-lhe o céu, o arranha céu, o véu...

Quero-lhe que deixe o fel.

Dou-lhe o ouro, o tesouro, o couro...

Quero-lhe que não se preocupe com os louros.

Dou-lhe as habilidades, a sagacidade, a amizade...

Quero-lhe que tenhas forças de vontade.

Dou-lhe uma nota de cem, uma moeda, um

vintém...

Quero-lhe que ao ouvir a palavra amor diga amém.

Dou-lhe se quiser uma viajem pro além...

Quero-lhe que se ficar aqui fique zen.

Dou-lhe até o que não tenho,

para que nossas vidas seja mais que um desenho!

Diego Brito

Antes que a vida acabe

Antes que a vida acabe,

estude, brinque, trabalhe.

Procure fazer o melhor, evite ficar só.

Desenvolva a coragem, o amor e a amizade.

Aproveite para mudar a realidade.

Antes que a vida acabe, lute, persista,

insista.

Mude seu destino,

leve um pouco de alegria para os meninos.

Antes que a vida acabe, recomece a viver.

Engaje num novo projeto, seja de sua vida um

arquiteto.

Cada palavra que diz tem o poder,

de destruir ou fazer crescer.

Cada ato pode fazer valer, o ser humano há que

em você.

Antes que a vida acabe,

acabe com a falta de vida na vida.

Diego Brito

Dores

Dores,

que causam horrores,

que nos transforma em malfeitores,

que nos afasta dos amores.

Mas não há vida sem dores.

Dores carnais, sentimentais.

Dores de amores e de solidão,

dores diversas no meu coração.

Não importa a qualificação,

as dores existem em qualquer cidadão.

As causas da dor?

Às vezes o amor, a enfermidade ou mesmo a

saudade.

Dores, sem hora de aparecer.

A noite, de tarde ou no amanhecer.

Dores que nos trazem problemas,

ou aspira poemas.

Sentimento quem és tu?

Sentimento quem és tu?

És o meu alento?

És o meu tormento?

És o meu sofrer?

És o meu prazer?

Sentimento quem és tu?

És tudo ou és nada?

És inimigo ou és camarada?

És incentivo ou motivo de parada?

Sentimento quem és tu?

que nos deixa nus,

diante de mistérios tão crus.

Que nos faz viajar de norte a sul.

Sentimento quem és tu?

Que nos faz perder o controle,

que nos deixa ceder diante de flores;

e que admira as cores.

Apenas me diga, quem és tu?

Que me habita, que me excita,

que me atira, que me tira, que mentira, que...

Até hoje

Até hoje não me encontrei,
num mundo desencontrado.
Nas buscas e nos desencontros,
me perco no anseio pelo reencontro.

Desencontro comigo,
encontro contigo, um amigo.
Por vários caminhos andei,
aonde me falta ir não sei.

Tenho esperança que um dia,
vou me encontrar.
Com alegria vou caminhar,
num mundo desencontrado.
Num mundo desconcertado,
até hoje não acertei.

Contraponto ao poema anterior.

Diego Brito

É tempo

É tempo de movimento,
de contentamento, de entreterimentos,
de velocidade, de capacidades.
Então é tempo de descobrimentos,
de pessoas eficazes, de fazer amizades.
Também é tempo de dificuldades,
de superação, de transformação,
de entendimento, de sinceridade.
Então há tempo para as mudanças,
para as festanças, para o choro, para o namoro.
É tempo de novo, de tecnologia,
de inteligência, de autonomia, de alegria.
Tempo de interpretação, de expressão,
de aviação.
Que tempo é este?
O tempo de agora, o tempo da hora.
Em que tempo levanto?
Em que tempo me lanço?
No tempo da moda.

Poesias Críticas

Quanto tempo tenho?

Quanto tempo falta?

Tens o tempo da vida.

O tempo que sopra.

É tempo de contemplação, de reflexão, de ação.

É tempo de muito valor, é tempo para o amor.

É tempo de diálogo, de compreensão,

de sexo, de satisfação.

É tempo de respeito, de convívio,

de alívio, de solução, de presente,

de confraternização, de inclusão, de associação.

É tempo de ciência,

de consciência, de trocas de idéias, de percepção.

Acorde amigo, levante o umbigo,

pois o tempo é de sorrisos,

de comunicação, de informação.

De energia potencial para cinética irmão.

É tempo metas, de objetivos,

de projetos, goste ou não de Capitalismo.

É tempo de constatação, de adaptação,

de transformação, de desenvolvimento, de
evolução.

É tempo de viver no seu tempo para não passar do
tempo.

É tempo de identificar, experimentar, observar,

fazer, andar, refletir, selecionar, classificar, extrair,

associar, relacionar...

É tempo de amar, de estender as mão para ajudar.

Portanto lute para viver, para fazer,

para não se deixar explorar.

É tempo de decifrar os enigmas,

de quebrar os paradigmas.

De ir além, de conhecer, de lutar para ser.

É tempo de ensinar, de se manifestar,

de acompanhar, de descrever, de fazer acontecer.

É tempo de se auto-motivar, de brincar, de
despertar.

O tempo dos homens é divergente, simultâneo,
instantâneo.

É tempo de quem está no seu tempo,

o tempo do movimento!

Entre

Entre a vida e a morte,

o azar e a sorte,

o fraco e o forte,

o sul e o norte.

Entre o mais e o menos,

o grande e o pequeno,

o agitado e o sereno,

o confronto e o ameno.

Entre o verde e o amarelo,

o feio e o belo,

a grandeza e o singelo,

a separação e o elo.

Entre o moral e o imoral,

o bem e o mal,

o esperado e o casual,

o homem e o animal.

Diego Brito

Entre o frio e o quente,

o fim e a semente,

o camuflado e o aparente,

o corpo e a mente.

Entre a tristeza e a alegria,

a inércia e a folia,

o tenho e o tinha,

a agulha e a linha.

Entre a terra e o céu,

o fel e o mel

a tinta e o papel,

o rosto e o véu.

Entre "..." estamos.

Momentos

Momentos felizes e de deslizes,

difíceis e aprazíveis,

de lágrimas e de sorrisos,

de euforia e de apatia.

Momentos de descontentamentos,

de alegrias e sofrimentos,

de dores e apaziguamento,

de tédio e entreterimentos.

de ódio e perdão,

de marasmo e sensação,

de união e separação.

Momentos de angústia,

de divagação e astúcia,

de aceitação e argúcia,

de abstinência e de núpcias.

Momentos, apenas momentos.

Diego Brito

Desafio

Entre muitos fios estava e,

estive próximo a perder o fio da meada.

Puxei um e não encontrei,

a felicidade que tanto procurei.

Então com pressa o soltei.

Mas logo um novo fio agarrei.

E quando tudo parecia dar certo,

Me espantei com tristes imagens,

então logo a abandonei.

Na terceira tentativa acreditei,

Que desta vez ia dar certo,

e muito próximo a ela cheguei.

Mas foi quando numa barreira parei.

Pensei em desistir, em não mais prosseguir.

Então um desafio me lancei,

De persegui-la sem cessar.

Depois nunca mais parei.

Até por fim a encontrei,

A felicidade estava no caminho,

que eu mesmo tracei.

Diego Brito

Passeio

No compasso do meu passo, passo.

Paisagens passam por mim.

Algumas perduram outras se vão.

Num pequeno passeio,

ando pelas ruas com pouco asseio.

Deram-me o visto e o passaporte da vida,

para um passeio de breve saída.

Fui contemplado com esta viagem,

e de tão curta que é, não levo bagagens.

O passaporte não foi de graça,

por isto passeio com muita graça.

Uma grande disputa aconteceu,

e foi o meu germe quem venceu.

O visto tem prazo de validade,

e se não me cuidar posso encurtar a viagem.

A vista daqui é bem variada,

tem belas roseiras e muitas estradas.

Tento aproveitar bastante o passeio,

e alterno a concentração com os devaneios.

Sei que logo ele vai terminar,

mas antes acabe quero aprender a amar!

Diego Brito

Solidão

Uma sensação, um estado?
Fruto da ausência de um irmão.
Seria quem o culpado?
Pela situação.

Solidão,
um problema econômico,
atômico ou astronômico?
Seria a personalidade,
Uma prisão de saudades?

Sozinho, ninguém por perto,
O sujeito desperto,
os pensamentos encobertos,
a introspecção sem nexo.

Sozinho, no meio da multidão,
um vai e vem sem razão,
barulhos sem explicação,

palavras sem direção.

Apenas a solidão.

Diego Brito

Coisas

Coisas que se fundem,
que se confundem,
que se mesclam,
que se completam,
que se interessam,
que se dispersão.

Coisas diferentes,
distantes ou tangentes.
Convergentes ou divergentes.
Aqui, ali, lá, encima, embaixo.
Coisas em todo lugar.
Que se encontram,
que se debatem,
Que se separam,
que se refazem.

Coisas simples,
complexas, separadas, anexas.

Grandes, pequenas, visíveis, imersas.

Circulares, quadradas, triangulares, retangulares...

Coisas em todos os lugares.

Diego Brito

Natal

Natal para os bons e para os maus,

para os ricos e para os pobres,

para os azarentos e para os com sorte.

Uma festa desigual,

para uns quase morta,

para outros sensacional.

Natal de consumo, de insumos.

De suprasumos, de "sugismundos".

De amor, de dor, de esperanças,

de lembranças,

De mel, de fel, de papai noel.

Natal de todos, de muitos com pouco,

de poucos com muito.

De descanço, de trabalho, de diversão, de baralho,

de reflexão para encontrar os atalhos,

para os amigos, para os mendingos.

Para parar, para recomeçar.

Natal, que tal?

Afinal, é bom ou mal?

De alegria, de tristezas, de harmonia.

De ataque e de defesa.

De gozo, de choro, de ouro.

Natal de Cristo, de quem crê.

Um novo visto para você.

Diego Brito

Esperança

A esperança não cansa, forma aliança.

Dá a um homem mais substância.,

E mesmo a distância a alcança.

Parar não é ter esperança.

Acreditar é continuar ativo,

mesmo quando esperando.

Pois quem acredita continua andando,

e quem caminha em algum lugar acaba chegando.

Com esperança,

minha vida não balança,

as adversidades não me espantam,

a fé dentro de mim se levanta.

Ao aflito, ao oprimido, ao abatido,

um remédio traz alívio.

Da amargura consegue a cura,

porque a fé em Cristo perdura.

Criatividade

Vô fala da criatividade.

Da gente da cidade,

Do campo, do sertão.

Sem perder a vontade,

e com muita saudade,

do mundo da criação.

Quanta gente em ação.

Das ruas, das casas, do avião, do poste,

do carro e até da contramão.

É tanta cultura, estrutura, novelas,

romances, figuras, roupas, chicletes,

programas e aventuras.

Hardware, softwares e filmes sem censura.

Gente de fé, sabe como é, de carro, ônibus e a pé.

Eta gente criativa, que fazem robôs e os ativa.

Do barco de papel, ao arranha céu,

decotes, fashions e shopings,

poemas que entram e saem de cena.

Discursos, bonecas e ursos.

Diego Brito

Geladeira, fogão e mamadeira.

Biotecnologia, tecnocracia, sociologia,

e um tanto de cia e gia,

menos verdadeira democracia.

Num é que tem até a CIA.

Então espia, a pia,

da casa da minha tia.

Vai vê uma grande bacia.

Feita de quê? Com tecnologia.

Essa gente da cidade,

cria tanto que é imensurável sua criatividade!!!

Vozes

Vozes que não são minhas,

que não se houvem,

que não se animam,

que não se entendem,

que não se estimam.

Vozes alheias, alienadas,

desesperadas, incompreendidas,

inconformadas, externas, não fraternas,

ultrapassadas, suplantadas...

Vozes intencionadas.

Bem direcionadas, carregadas, esfarrapadas.

Vozes interessadas.

Vozes sem amor,

de pouco valor, que se levantam e,

apenas espantam.

Vozes alheias, alienadas.

Diego Brito

Natal

O dia em que nasceu Jesus,

momento em que na terra chega a luz.

A solução para os problemas do mundo surgiu,

através dos ensinamentos que se difundiu.

O natal não é para a nata,

é dia de confraternização para firmar esta data.

O presente é Jesus Cristo, é específico.

O comércio é que é misto.

Papai Noel é o símbolo maior das crianças,

mas é Cristo quem traz esperança.

Papai Noel para alguns traz presentes,

mas para muitos é ausente.

Cristo não é indiferente, ele é sempre

permanente.

Cristo é filho de Deus,

Papai Noel é filho dos homens.

Gostar de Papai Noel não é pecado,

o que não podemos é esquecer o recado,

de Jesus Cristo nosso estimado.

Diego Brito

Despedida

Poema de despedida,
para quem está de partida,
para os corações partidos,
para os seres desunidos.

Poema de despedida,
para um ano perdido,
para o amigo falecido,
para o fim desconhecido.

Poema de despedida,
para quem sai da vida,
para os que fogem da lida,
para a bela despercebida.

Poema de despedida,
para um ano que se finda,
para o passado que fica,
para o presente que edifica!

O próximo passo

O novo momento do capitalista,

está na busca do lucro.

Do hedonista, um novo desfruto.

Do intelectual, uma nova questão.

Do exibicionista, mais atenção.

Do Don Juan, maior excitação.

Do professor, mais explicação.

Do inventor, uma nova exibição.

Do escritor, a literária manifestação.

Do mendigo, a busca por um pedaço de pão.

Do cientista, mais explanação.

Do político, a próxima eleição.

Do empregado, uma promoção.

Do religioso, outra oração.

Do miliante, a apropriação.

Do agricultor, a nova plantação.

Do acadêmico, sua titular ascensão.

Do altruísta, mais cooperação.

Do poeta, sua próxima criação.

Diego Brito

Minha linda namorada

Minha linda namorada,

que vive sempre assaltada,

de olhares apaixonados,

dos pretendentes disfarçados!

Minha linda namorada,

és tão bela e complicada,

és tão séria e liberada,

és tão culta e iletrada.

Minha linda namorada,

meu amor eterno,

dona de um coração fraterno,

o sonho de um jovem liberto,

dos amores encobertos!

Meu automóvel

Meu amor, minha paixão.

Meu carrinho do coração,

as rodas, minha locomoção.

Meu viver, minha razão.

Meu automóvel é movido a emoção,

e nele passeio com satisfação.

De norte a sul vamos andando,

sob quatro rodas vou caminhando.

No supermercado, na farmácia e até na padaria.

Vou de carro com categoria.

Aqui, ali, lá, cá.

Há muitos lugares a desbravar.

O meu carrinho a gasolina,

ele muito me ensina.

Encontrá-lo era minha sina.

Na momento da compra o homem disse:

- É aqui que você assina.

Diego Brito

Futebol

Futebol, um vai e vem total,

o goleiro faz um vôo sensacional.

Na área o zagueiro dá corte um mortal,

e o atacante chuta de forma desproporcional.

Futebol, a paixão de milhões.

Centro de grandes decisões.

A satisfação do campeão.

A tristeza do azarão.

Futebol, no Brasil, na Itália,

Na França, na Austrália...

Em todo planeta,

lança suas tetas.

Um esporte global,

que monta o circo, e levanta o astral.

Uma brincadeira teatral.

Futebol no campo, nas quadras,

nas salas, nas ruas, na minha e na sua.

A bola rola, nua.

Futebol, ao vivo na televisão.

Comendo pipoca com um amigo.

O êxtase, o adversário vencido!

Diego Brito

Existe um mundo

Existe um mundo,
a ser visto, comparado,
medido, mensurado e,
que está do nosso lado.

Existe um mundo,
a ser contado, decifrado,
ainda não acabado,
internalizado, desvendado.

Existe um mundo,
cheio de graças, de flores,
com mares profundos,
de pessoas alegres,
de amores conjuntos.

Existe um mundo...

Eu e você

Eu e você, juntos podemos ser.

Eu e você, em extensão vamos ter.

Eu e você, talvez pergunte porque?

Eu e você, alguém mais? Para quê?

Eu e você, para as luzes acender.

Eu e você, num mundo repleto de saber.

Eu e você, já sei o que vai ocorrer.

Eu e você, vibrantes vamos aparecer.

Eu e você, devemos nos entender.

Eu e você, vamos muito aprender.

Eu e você, caminharemos sem saber.

Eu e você, teremos que dizer.

Eu e você, para sempre conhecer.

Eu e você, você e eu.

Diego Brito

O real e o romântico

O real pode ser escuro,

pode ser mal,

pode ser taciturno.

Pode não aparecer, se esconder.

Fingir não ser, não se dizer.

O romântico é aparente,

mostra seus dentes,

planta sementes.

Expressa o que sente,

se mostra valente.

O real pode ser fatal e,

parecer normal.

Sem gosto, sem sal.

Simples, pouco sensacional.

O romântico é alegre,

Esperançoso, divertido, gostoso.

Amistoso, sempre se quer de novo.

O romântico deixa sempre seu cântico.

Mas se constroi no real,

é produto dele.

Um bom final.

O real pode ser romântico.

O romântico pode ser real.

No fim tudo vai depender,

da nossa vida mental.

Diego Brito

Ele chegou

Ele chegou e a festa acabou...
O poema cessou, a alegria minou...
O dia acabou, o canto parou...
A raiva falou, o tempo fechou...

Ele chegou e a esperança falhou...
A paz desabou, a vida rogou...
A felicidade desmoronou...
O prazer parou...

Tudo isso porque, ele chegou.

Sem lutar não

Dificuldades vamos encontrar,
mas devemos lutar e por elas passar.
Não podemos entregar os pontos.
Não podemos fingir de tontos.

Sem lutar não vamos parar,
sem tentar não vamos ficar,
as adversidades temos que enfrentar,
a realidade vamos transformar.

Aos poucos vamos consertar.
Aos poucos vamos melhorar.
Não podemos parar de lutar.
Não devemos nos desligar.

Os desafios são enormes,
as capacidades são disformes,
mas em conjunto andaremos juntos,
pois afinal também somos muitos.

Diego Brito

Sem lutar não vamos ficar,

mas para isso temos que acreditar.

Fazer

O que fazer para crescer?

Estudar, trabalhar, desenvolver...

O que fazer para mudar?

Observar, movimentar, detalhar...

O que fazer para ter?

Reter, absorver, economizar, querer...

O que fazer para ser?

Abster, sacrificar, aprender...

O que fazer para para fazer?

Despertar, analisar, refletir e desistir.

O que fazer???

Diego Brito

De repente me vi

E de repente me vi,
com saberes que não os detinham.
Com falas que não eram minhas,
com atitudes que antes não tinha...

E de repente me vi,
com dizeres que não me diziam.
Com vontades que não possuia,
com sentimentos que antes não haviam...

E de repente me vi,
com pensamentos que não eram meus...
Foi então que entendi,
que este não era eu.

Indiferença

Aos poucos se aprende,

a ser indiferente,

a não mais se indignar pelos indigentes.

A virar as costas para os fracos, carentes,

oprimidos e doentes.

Aos poucos se aprende,

a olhar o mundo com os olhos de uma serpente.

A ilustrar os sapatos e mostrar os dentes,

a fazer discursos que, só-mente.

Aos poucos se aprende,

a ignorar as notícias dos sobreviventes,

da fome, das guerras, da seca, das enchentes...

E de todos aqueles que não têm pertences.

Aos poucos se aprende,

a desperdiçar, comida, água,

dinheiro, energia... sem precedentes.

Diego Brito

Enquanto as vítimas do sistema,

chora e range os dentes.

Aos poucos se aprende...

Será sempre assim?

Será sempre assim?
Ricos e pobres do inicio ao fim.
Homens matando homens,
sem causas afins.

Será sempre assim?
Festas glamorosas, luxo e artigos de marfim.
Jóias, navios, carros e novos desafios.
Passeatas, protestos e balas de festim.
Sobre aqueles que clamam por único sim.

Será sempre assim?
Labuta, cansaço e corpos em frangalhos.
Descanço, "diversão" e garantia de alimentação.
Enquanto corpos estragados,
ficam sem cuidados.

Não haverá outros caminhos,
para um mundo com menos desatino?

106

Diego Brito

Será realmente a injustiça e a maldade,

o único destino?

Serão os homens apenas assassinos?

Dos pássaros, das árvores e dos próprios primos.

Trocaremos nossa moral, nossas virtudes, nosso

ideal?

Por geladeiras, bebedeiras e bacanal.

Ano novo

Ano novo de novo,

ano novo que vem,

ano novo te ouço.

Mais um ano para fazer o bem.

Ano que inicia com luz,

dos fogos que reluz.

De amor e de dor.

Dos homens, das terras, das serras...

Espero apenas que não seja ano de guerra.

Fim de um ano, começo de outro.

Novas festas, novas metas,

busca da prata e do ouro.

Ano novo, vidas velhas,

que se renovam.

Como o próximo capítulo de uma novela.

A teia da vida vibra,

Diego Brito

e solicita mais fibra.

Ano novo que venha, sem resenhas.

Te espero e te quero,

tu não me amendrontas.

Pois o ano que lhe precedeu,

forneceu-me a experiência necessária,

para vencer esta batalha.

Então ano novo, que venha de novo.

Pois de ti, não corro.

Silêncio garoto

Silêncio garoto, eu ouço a TV.
Silêncio garoto, eu preciso ver.
Silêncio garoto, a professora chegou.
Silêncio garoto, a aula não acabou.

Não posso te ouvir, preciso sair.
Vai para a escola, só fala na hora.
Por favor, não demora, não fica de prosa.
Pega a mochila e leva pra escola.
Quero que vá agora.

Silêncio garoto, tira os sapatos.
Silêncio garoto, e não enche o saco.
Silêncio garoto...

Diego Brito

Quando penso

Quando penso nas plantas,
meu coração se inflama.
Quando penso na fauna,
minha alma se exalta.

Quando penso no dia,
meu corpo arrepia.
Quando penso na tarde,
a alegria me invade.
Quando penso na noite,
já não há mais açoite.

Quando penso no amor,
me domina um ardor.
Quando penso na dor,
basta-me lembrar de uma flor.

Quando penso no feto,
na vida fico reto.

Poesias Críticas

Quando penso nas crianças,

meu coração se desmancha.

Quando penso nos homens,

meus pensamentos se consomem.

Diego Brito

Coragem

Coragem, fruto de um desafio,
produto da persistência,
consequência da vivênvia.
Uma postura determinante,
para a formação dos amantes.

Coragem no quarto, na sala,
no trabalho, na calçada.
Na escola com a namorada.
Na guerras, nas passeatas.
Nas mentes sensatas.

Coragem, uma postura a despertar,
nos caminhos a trilhar,
de vidas a salvar.
Um ingrediente para começar,
um novo projeto e terminar.

Coragem, de quem age.

Poesias Críticas

Do médico, do professor.

Do artista, do escritor.

Do dentista, do pescador.

Do analista, do empreendedor.

Coragem serena, do cantador.

Diego Brito

A simplicidade do desejo

O desejo é simples,

consiste em apenas executar o trabalho,

sem o trabalho nos executar.

De apenas proteger os animais dos homens,

e os homens dos outros animais.

De não destruírmos a natureza,

para que seu extermínio não nos destrua.

De conservar a nossa saúde, ás vezes apenas,

saudando uns aos outros.

De não destruírmos a natureza,

para que seu extermínio não nos destrua.

De bebermos sem que sejamos bebidos

por aquilo que bebemos.

Como também de comermos,

sem que sejamos comidos por

aquilo que comemos.

Que façamos sexo, mas sem deixar que o sexo nos

faça.

Poesias Críticas

Que cuidemos da "beleza", mas evitemos que a

beleza cuide de nós.

Pois como tomamos a beleza como fim,

ela torna-se feia e toma conta da gente.

Portanto, em se tratando de beleza,

devemos diversificar nossos investimentos.

E decompô-la em belezas diversas.

Consiste no desejo de consumir, sem que sejamos

consumidos pela sede de consumo.

De produzir, sem que nos tornemos produtos.

De estudar e desenvolver sempre,

mas sem permitir que o desenvolvimento seja o

estudo em si.

A fazermos áquilo que gostamos,

mas aprendendo a tomar gosto por aquilo que

fazemos.

A trabalharmos pela propriedade,

mas sem nos apropriarmos daquilo que nos é

desnecessário.

Tomando cuidado para perdermos nossas

propriedades humanas neste processo.

Diego Brito

A reconhecer as dificuldades de amarmos uns aos

outros, mas reconhecendo a dificuldade de

vivermos em sociedade uns sem os outros.

Talvez não possamos dizer todas as verdades,

mas certamente podemos dizer menos mentiras.

A sempre que possível brincar,

sem deixar que a vida brinque conosco

e retire nossas possibilidades.

A vivermos em paz, sem que para isso precisemos

fazer guerra.

O desejo é simples.

Vida

Há aqueles que desejam preservar a vida não

vivendo.

Há aqueles que desejam viver preservando a vida.

Há aqueles que simplesmente vivem, que vivem

por viver.

Há aqueles que sobrevivem para viver, almejam a

vida e não apenas estar vivos.

Há aqueles que na vida buscam o amor, não lhes

importando a dor.

Há aqueles que clamam por calor, desejam

aquecer seus corações.

Para a vida a vida é viva, mesmo para os que

apenas sobrevivem.

Então que a vida nos traga a vida, que nos traga o

amor.

Porque, vivemos para a vida e quando morremos,

morremos para a vida.

Que a vida nos saúde!

www.ingramcontent.com/pod-product-compliance
Lightning Source LLC
Chambersburg PA
CBHW021832170526
45157CB00007B/2776